너의 시를 창에 켜두고

김지연
네번째 시집

너의 시를 창에 켜두고

영혼의 지문을 백지에 한 글자 한 글자 꾹 꾹 찍어
세상에 내어 놓은 김지연 시인의 네 번째 시집

& 앤바이올렛

| 축하의 글 |

　필자는 '시(詩)는 영혼의 지문'이라고 규정했었다. 그 이유는 수필이나 소설 혹은 시나리오 등 다른 문학 장르와는 차별화된 시가 갖는 특별한 속성에 있다. 시는 하고 싶은 말을 입 안에 그리고 생각 속에 가두는 것이 가장 큰 핵심이다.
　함축하고 간결하게 하여 굳이 설명하려 하지 않으며, 몇 마디의 말로도 시인의 감성에 빠질 수 있는, 그래서 시인의 감성이 곧 나의 것이 되고야 마는 대리 치유가 가능하기 때문이다.
　그런 점에서 이번에 영혼의 지문을 백지에 한 글자 한 글자 꾹꾹 찍어 세상에 내어놓은 김지연 시인의 네 번째 신간 『너의 시를 창에 켜두고』는 특별할 수 밖에 없다.

하얀 백지에 찍어 놓은 한 글자 한 글자는 곧 세상이라는 백지에 한 줌 한 줌 조심스레 펼쳐 놓는 소중한 생각의 편린이기에 그 생각으로 어두운 밤에 반딧불처럼 의미 있는 빛을 발하리라 의심치 않는다.

필자는 그런 시인의 상념을 존중하고 지지한다. 특별한 인연으로 필자와 맺어진 인연 또한 결코 가벼울 수 없기 때문에 그 소중한 인연의 끈을 평생 놓지 않을 것임을 확신하면서 축하의 심경을 맺으려 한다.

2025. 4.
시인 공석진

| 초대 시 |

꽃이 피는 나타샤

정윤천

꽃들은 모두 나타샤에게서 태어나지

나타샤는 지명이 아닐 수도 있어 총을 든 군인의 이름이거나
수도원의 뾰족한 종탑 아래일 수도 있지

분명한 것은 나타샤가 나타난다는 데에 있어
그도 어차피 1월에서 12월 사이에 태어났을 거니까

해바라기처럼 길쭉한 걸음일 때도 있지
나타샤의 말투를 처음엔 잘 알아듣지 못할 수도 있지만
말 보다는 나타나기를 즐기는 나타샤

무거운 짐을 태운 트럭이 지나갈 때
공장에서 나온 남자들이 술집 안의 난로를 향해
함부로 이거나 세차게 쳐들어갈 때에도

나타샤는 조금씩 길어나지
그것은 나타샤 만의 좋은 버릇 중의 하나

입술에 연필을 문 정원사 아저씨가
나뭇가지에 빨간 새집을 매다는 커다란 집의 담장 안에서
나타샤의 아이들이 노래를 부르며 걸어오는 장면을 상상해 봐

지금까지 보다는 아름다워지게 될 거야
꽃이 피는 나타샤가 여기를 지니고 있는 동안에는.

| 초대 시 |

어떤 계절에도 나의 그리움만 못해서

공석진

비가 내렸습니다
눈이 내렸습니다
카페 창밖 그리움 엿보다
비 맞아 웅크려 떨고 있는
길냥이 자세로 쪽잠에 빠집니다

감정이 과잉하여
범람하는 시는
계절성 정서 장애 때문은 아닙니다

어떤 계절도
나의 그리움만 못해서
찬란한 봄의 세력도
누설하는 꽃향기도 소용이 없습니다

길바닥에 누워
아직 맥박이 뛰고 있는
벚꽃 이파리를 바라보며
까닭 모를 아픔을 생각합니다

힘겨울 당신
사랑으로 치유할 문장 가득
돌아와 들어설 빈 가슴에
폭우처럼 가득 채웁니다

당신의 부재 동안
사월의 비가 눈이 되어 내리는
예측 못할 계절에도
허기진 문장은
언제나 사랑 고백 중입니다

| 초대 시 |

망각

공석진

자신의 이름도
기억하지 못하는 여인이
감탄하듯
새봄에 꽃망울을 쓰다듬으며
꽃에게 묻는다

"너 이름이 뭐니?"

당신도 꽃이었어요
봄꽃보다 더 청초하고
가을꽃보다 더 우아한 꽃이었습니다

부디
꽃보다 더욱 아름다운
당신의 생애는
잊어버리지 마세요

| 초대 시 |

새벽 별

정현덕

멀어질 때까지 바라보다 보면
마음은 뒤따라가고

빈 몸만 남아
그림자도 쉽게 늘어져 누웠다

남은 몸뚱이 저녁에 희석되어
그림자마저 사라질때쯤

밤은 슬픔을 안고
눈을 감는다
기억에 기댄 추억으로

멀어져 간다는 것에
가까이 갈까
지워지지 않음에 고마운 이름으로

| 초대 시 |

행복의 온도

정현덕

우리의 시간은 생각을 알아서
말하지 않아도 눈빛만 보아도
그 순간 참 좋은 행복한 시간

같이 걸어가며
바라보는 눈 안에
산이 보이고 하늘을 보는 나의 오늘

살아 숨쉬는 모든 것을 볼 수 있는
시간의 우리는 행복한 36.5도

* 김지연 시인의 온도 또한 36.5도인 듯합니다.
  축하드립니다.

김지연 네 번째 시집

축하의 글··· 4
초대 시··· 6

1부 내가 가는 길
가슴을 쏘다 …… 19
독배 3 …… 20
그 겨울 끝자락 …… 21
꽃바람 …… 22
그 섬에 가면 …… 23
편지 …… 24
해후 …… 26
오르다 …… 27
별밤 …… 28
푸른 하늘 …… 29
이월소생 …… 30
봄을 걷다 …… 31
알고 있나요 …… 32
아이야 …… 33
은별 아래서 …… 34
역행 …… 35
눈물 꽃 …… 36
가을 …… 37
소년 2 …… 38
내가 가는 길 …… 39
오후 …… 40

단상 …… 41
임 생각 …… 42

2부 떠나자 바람부는 언덕으로
꽃길 걷다 보면 …… 45
이별하던 날 …… 46
불씨 …… 48
꿈꾸는 방 …… 50
안녕 그리운 그대 …… 51
상처 …… 52
떠나자 …… 53
시선을 떨구며 …… 54
그대 떠나는 날 …… 55
옛 생각 …… 56
흔적을 밟고 있다 …… 57
길손 …… 58

3부 밤에 건너온 편지
이끼의 꿈 …… 61
자화상 …… 62
가을 어느 날 …… 63
인연 …… 64
연리지 …… 65
그녀가 가는 길 …… 66
날개 …… 67

너의 시를 창에 켜두고

심연 ······ 68
암연 ······ 69
그림자 하나 ······ 70
해바라기 ······ 71
그 남자 ······ 72
가슴앓이 ······ 73
눈물 ······ 74
젊은 날의 잔상 ······ 75
하루 ······ 76
홀로 도는 별 ······ 77
밤에 건너온 편지 ······ 78
행복 만들기 ······ 80
타인의 계절 ······ 81
멍울 ······ 82
향수 ······ 83
봄은 ······ 84
푸념의 강 ······ 85
인향 ······ 86

4부 풀꽃 이야기
귀로 ······ 91
꿈 하나 ······ 92
비밀의 정원 ······ 93
여인 ······ 94
홀씨 ······ 95

나들이 ······ 96
열꽃 ······ 97
비창 ······ 98
얼굴 ······ 99
아카시아 ······ 100
그날 1 ······ 101
빈산 ······ 102
풀꽃 이야기 ······ 103
초대 ······ 104
너는 너에게 ······ 105

5부 너라서 아프다
내 안의 기도 ······ 109
바람의 언덕 ······ 110
그리움을 만날 때 ······ 112
풍경 ······ 113
새장 속에서 ······ 114
독백 ······ 115
그대 ······ 116
별을 헤아리는 밤 ······ 117
연모의 꿈 ······ 118
추념 ······ 119
너라서 아프다 ······ 120
무상 ······ 122
회상 ······ 123

1부

내가 가는 길

가슴을 쏘다

발을 쉬 떼지 못해
맴돌다 가는 나비처럼
향기 품은 사내 모습이
달빛에 흠뻑 젖어 있다

깊고 푸른 밤
메마른 가슴 더듬어
완연한 사랑을 피우다
등 돌리면 잊혀질까

존재감마저 잃은 체
영상처럼 드리워져
섬이 되어 반짝이고 있다
슬픈 인연

내 안에 네가 있었음을

독배 3

두런두런 삶의 소리
세월의 흔적 밟고
빛바랜 사진 속에서
별같이도 떨어지는데
어둠 속으로 번지는 눈물
나는 어디로 흐르고 있나

그 겨울 끝자락

흐르는 물소리
목마른 영혼처럼
흔적을 삼켜 버린
무상의 글꼴들

겨우내 얼음꽃은
풍경을 치고
돌아서는 내내
사계는 빗장을 풀어
봄을 줍고 있다

꽃바람

그리움은
짙은 구름 속 비를 머금고
틀에 박힌 꿈 뒤척이다
다정히 내려오는 햇살 같은 것
푸른 이파리 날개를 펄럭이며
주문처럼 흔드는 손끝에서
순응하는 바람 소리
서운한 듯 몸짓은 스러져
무르익어 가는 기억이
미풍의 허리 붙드는지
휘 이익
아득한 숨소리
한나절 다리를 감싸고

그 섬에 가면

수평선 너머
달려오는 그대
물길 따라
바람 따라 온 고운 시선

바위를 보듬어
희망의 노래 부르고
파도 소리 따라
선율이 날아오르면

무수한 이야기
바다 끝 문턱을 넘어
사로잡힌 내 영혼의 그림자
붉은 여명으로 흐르겠지

편지

겨우내 제 몸 눕힌 갈대처럼
너는 나처럼
소리 없이 울었을 것이다

어둠의 조각들이
온 세상 기웃거리다
불 켜진 방
웃음인지 울음인지
창가를 적시며 가는 여백을
다시금
가슴을 채우는 일이었을 터

어쩌자고
네 무게에 홀로 우는 것인지

나는 네가
넉넉한 영혼의 세계를
알찬 언어들로
허기진 삶을 채우기를 바랐지

어쩌지 싶고
어쩌나 싶었다
이내 낡아버린 가슴
기억은 점멸등처럼 깜빡이고

해후

살 베는 심장 소리
끔벅이는 눈꺼풀 위
쓸쓸한 달빛도 돌아누워

미동 없는 다리 건너
코끝으로 불어오는 바람
눈을 타고 덧없이 흘러가

싸늘한 아침이면
밤새 흘려놓은 이야기
당신의 온기에 파르르 떨고

오르다

은빛 하늘 품어
솜털 세우는 버들강아지
봄볕에 제 몸 세우고

형형색색 들과 산으로
기지개 켜는 이파리
아 시원한 바람 소리

계곡물 머리 감는 가재
꼬마들 그림자 비추면
화들짝 놀라 첨벙첨벙

낙수정 중바위 오르는 길
내내 보고픈 얼굴
부르고 싶은 이름

울긋불긋 어리는 네 생각

별밤

달빛 쪼개 가는 비행
그리움의 살갗으로
별을 향해 걷고
힘겨운 눈빛
짙은 어둠 붙잡아
계절 내 매달린 눈물
사랑한 가짓수만큼
반짝이는 별 아래 숨겼다

푸른 하늘

바람에 흐느껴
태극기 흔드는 손끝
하늘에 띄운 함성이
핏빛으로 물드누나

피지 못한 비명
비에 젖은 풀포기처럼
엎어지고 뒤집어져
망부석이 된 주검

봄은 왔건만
선홍빛 물결 땅을 딛고
차가운 총칼 앞 외친
대한 독립 만세

꽃은 피는데
봄 지는 소리였던가
스러져 간 젊음의 넋이여
기억하는 삼월의 아침

다시 깨어날 때마다
어느 그늘 아래 숨 쉬는가

이월소생

봄을 기다리는 동안
얼음꽃 사이로 햇살은 떨어져
겨울새는 점 하나 붙들고 나섰다

구르는 바람 앞
눈꽃처럼 피어오르는 아침
수줍게 터지는 눈동자가 있다

이슬처럼 구르는 여정
가느다란 대궁을 붙들 듯
붉은 웃음이 정제되어 있다

구름 속 건반을 거닐고
겉옷에 숨겨진 살갗의 비밀
초록 바람을 밀어 봄을 흔든다

그날 밤
빨간 분칠을 하고 나서는 소녀의 울음을 보았다

봄을 걷다

심장을 뚫고
헝클어진 세상에 피어나
인연의 고리 하나 물으면

봄날 꽃처럼 향기는 익어
틈새로 스미는 여운
꽃잎같이 살랑살랑 뛰노는 숨결

외롭지 않은 가슴 하나 걸어
오늘 밤
달빛 채워 너의 흔적 밟아 가고

알고 있나요

이젠 떠나갈게요
날개를 펴고
외로워 말아요
잊혀질 기억인 걸요
지친 몸 떠도는 거리
쓰디쓴 술잔에
아쉬움을 삼키고
지치지 않는다면
고독을 즐기는 일일 거예요
차가운 눈물이 흘러도
잊을 수 있다는 걸
그댄 알고 있나요
서로 닮은 듯 애틋한 여운을

아이야

백일의 작은 손
외할머니 등에서
들려오는 자장가 소리

천 길 만 길
전생의 인연으로
생명이 잉태되었으니

너는
나만의 불꽃 같은 운명

은별 아래서

책가방 던져 놓고
밖으로 쫓기는 아이

지고 온 노을 때문인지
어미의 큰소리
정지를 맴돌아

뒤안길

수많은 별들
어린 눈물 속에
촘촘히 박히던 날

긴 세월 지나
바람의 길
모서리 그 어디쯤

소녀는 또 울고 있지 않을까

역행

우린 아직 갈등하고 있나 보다
번뇌의 시간 길어지는 아픔
속내 끌어당겨
힘겨운 목소리
잿빛 하늘 먼지처럼 날리고
노크만 기다리는 너와 나
빗나간 화살처럼 외면하는 눈빛
언제쯤 서로를 포옹할 수 있을까
아름다운 꿈 조각같은 여운

눈물 꽃

새벽은 저만큼 걸어오는데
잊히지 않은 꽃말처럼
아련히 외쳐보는 이름
그립다는 말을 전할까
꽃은 눈물 속에 엉글어
오월의 향
세상을 짊어져 떠나는 날
바람이 데려다준 꽃잔디에
벌 나비같이 날아오르는 그대
천상의 재회를 기다려
피안에 닿고 싶은 어머니 품속

가을

나락이 익어가듯
삶의 언저리
노을은 흩어져

그림자 품에 안고
너는 나에게
나는 너에게

뜨거운 정 부유하는 그리움

소년 2

바람이 내려와
부스러져 흩어진 날들
속절없는 무게감이
창문 따라 떠는 불안

막다른 계절에 숨어
싸늘해지는 오늘
죽자고 덤벼드는 몸짓
무엇이 힘들었을까

대지를 적셨을 외로움
긴 겨울의 방황
넌 어디로 흐르고 있니

내가 가는 길

다가가야 할 당신 때문에
가슴이 붉게 뛰어올라요

비는 마음 당신께 들켰을 때
내가 가는 길가에 꽃이 핍니다

차가운 땅을 딛고 걸어도
다시 피어나는 나

별빛으로 당신을 묻고
달빛으로 당신을 찾아 나섭니다

오후

뜨락에 앉은 태양
빨갛게 낙엽을 태우며

빈들 마른 잎들이
낡은 미소로 떨어집니다

돌담길 돌아 시간은
새처럼 날아가고

들판을 가로질러
낙엽은
빗소리처럼 날립니다

단상

덩그러니 놓인
정안수 한 그릇

하염없이
맴돌다 가는 흰나비

후생길
늙은 어미의 날갯짓

살결 더듬는 아련한 기도
백팔염주에 새겨놓고

임 생각

가지 끝 잎새에 이는 향기
슬픔의 무게를 아는지
매달려 가는 것들의 아침
연분홍 이파리 따라
그대 숨결도 유랑을 나서네
봄 닮은 순수 시절
그대 숨쉬던 그날처럼
바람인 듯 맴돌다 가겠지
문득 임 생각에
방울방울 고이는 고독
한 계절 끝 자락
소박한 약속은
이방인의 눈물되어
긴 하루 흔들고 가는데

2부

떠나자 바람부는 언덕으로

꽃길 걷다 보면

푸르름에 익어가는 하늘
풀 내음 마주 잡고
피어나는 작은 꽃잎
자줏빛 사랑을 하고
실바람같이 흩어지는 향기
침묵의 영혼을 깨워
무릎 낮춰 그대 이름 부르면
등 토닥이며 쉬지 않고
길 찾아 떠나는 하얀 비행
허공으로 날아오른
잠자리의 날갯짓
오늘도 내일만큼이나 좋을
함께 손을 잡고
함께 속삭이며
마음의 소리 들어
마치 꿈인 양 거니는 꽃길
아 아 날 잡고 흔들지 말아 줘요

이별하던 날

가난이 우리를 등 떠밀던 남루한 시절
연분홍 꽃 천지 다 내려놓던 봄

은은한 향 참꽃 입에 물고
치맛자락 붙드는 어린눈 샘에 걸렸다

머 언 시간
오 형제 집 막내딸로 입양 가던 날

내 가슴에 가시가 되어
한숨을 덮어 지나는 하룻밤의 침묵

햇살처럼 행복을 꿈꾸던 기억의 저편
꽃다발은 흐트러진 채

산 너머 신작로에 날아든 손
기약 없이 맞잡는 언니와의 이별

지금은 어느 하늘 아래
나처럼

낡고 무디어진 마른 울음으로
이불을 뒤척이듯 밤을 뒤척이고 있을까

불씨

한풍같이 시린 가슴
땅거미와 같이 기울고
고단한 시간이었을까
백지장처럼 하 해진 머리
온종일 술래 나서는 공허함은
유리잔처럼 깨어지는 언약의
떠도는 영혼
그러니까 왜 그랬어
달빛에 기대어 서성이는 그림자
녹슨 철탑에 걸쳐진 바람 소리처럼
웅웅 울음 울다
하늘은 나를 잊었구나
애잔한 눈빛마저 사라졌구나
어쩐다냐
눈동자에 고독을 담아
사유 속 몸살을 앓고 말았지

늘어진 권태기를 토해
하얗게 쏟아낸 심장
공염불 타닥타닥 읊는 날
시리도록 저미던 밤같이
공중에 씨앗 하나 던졌을까
밤하늘 사혈처럼 불꽃이 피었다

꿈꾸는 방

아카시아 향기 매달린 밤하늘
별 하나 붙들어 교차하는 시간
고요는 심장 너머 바람 따라 흐르고

잊힐 것 같은 그 날의 이유
각색의 무늬 달고
무표정한 얼굴 그림자 걸어
작게 피어나는 신음 소리

만개하는 꽃망울처럼
간절히 소망하는 몸짓
별빛같이 반짝이는 눈망울
가느다란 허리 굽혀
꽃 볼 만지며 지나가는 어린 눈

달빛도 무심히 지나는 밤
너만을 위한 우주 만들어
세상의 방패가 되어 줄
꿈꾸는 작은 방
기억의 창 알토란 같은 사연

안녕 그리운 그대

스산한 바람 불어오면
후회로 밀려오는 슬픔
피우지 못할 인연에
눈물방울로 안녕이라 말합니다

손 닿을 듯
침묵으로 마주하는 그리움
긴 어둠 속에서
붉게 물들이는 옷자락

멀어서 못 만나는 허무함
불러보는 그 이름들
별빛 같았던 사랑도
텅 빈 가슴으로 떨어져 내립니다

야속한 그대님
어디에서 반짝이고 있나요

상처

스산한 바람 불어오면
애틋한 마음 시린 듯
넋두리로 쏟아 온 정

떨궈지는 눈물 낙엽에 세기면
목말라 갈구하던 외로움도
새빨간 유혹처럼 웅크리고 앉아

임 기다리는 아쉬움처럼
삶의 고독과 악수를 하겠지
어둠의 그림자도 헤매는 시간

여운처럼 밀려오는 기억들
이토록 오랫동안
가슴을 후려칠 줄이야

떠나자

떠나자 바람 부는 언덕으로
언제나 그랬듯
솔 향기 맡던 그 날로

파란 하늘 비벼대는 가슴
그 언저리에
네가 있고 내가 있는 곳

중바위 굴, 네가 숨어
술래잡기 나선 꿈의 터전
바람도 햇살도 좋은 날

큰 나무 그늘 아래
바람과 춤을 추고
우산 펼쳐 얼굴 가리던
어제로 떠나자

시선을 떨구며

허공을 돌고 돌아
거미줄에 걸린 바람
서러움 가득 숨어 우는데
갈라진 대문 틈 사이
하염없이 서성이는 발자국
조그만 심장이
기운조차 없이 무너져
턱 밑까지 차오르는 거친 숨
긴 시간 마주하는 밤
너에게 물었다
어떻게 살아갈 건지
따가운 시선
흔들리는 작은 어깨
뒤틀려 떨어지는 고개

어쩌자고
기억 저편 너는 어디에 있나

그대 떠나는 날

하늘은 푸르고
낙엽은 지는데
그대 떠난 뒷모습
긴 그림자로 눕고
세월 흐른 뒤에
잊힌 줄 알았고
그대 마음의
상처인 줄 알았지

애타는 마음이
너무도 쓸쓸해
돌아올 기약 없이
홀로 떠나면
그만인 줄 알았지
혼자만의 기억으로
이젠 알겠어
한 줌의 온기라는 걸

옛 생각

언덕에 오르면
햇살 아래 피어나는
하얀 얼굴이 있어
살며시 돌아보는 눈
뒷동산 오솔길 따라
거니는 발걸음
하나, 둘 셋
네 앞에 서서
괜스레 웃기도 했지
마냥 풀꽃만 보아도
기분 좋아지는
어린 내가 있었지
가시에 찔리는 줄 모르고
찔레꽃 한 웅큼 쥐고
깔깔대던 아이
발밑 빨간 뱀딸기
오도독 터지는 줄도 몰랐지
밤새 옛일 생각이나

흔적을 밟고 있다

옛 생각이
어린아이 울음처럼
미풍같이 맴돌며 서 있다
당신 곁으로 가고 싶지만
달려간다고 달려질까
무게감은 소리 없이 다가와
이내 밤잠 흔들어

잊힌 들 잊었다 할 수 있을까
그때 당신은 상처였고
그 시절 나는 진심이었지

단지 난
그곳에 한 줌의 삶을 두고 왔을 뿐

길손

죽을 만큼 사랑하다
초연한 눈물 앞
뜨거운 이별
심연의 꽃 진 자리
당신 모습 스며든 눈가에
훌쩍 꺼내놓은 눈물 한 방울
장밋빛 노을에 걸친
안부처럼
늘 삶의 그림자로 남았지

3부

밤에 건너온 편지

이끼의 꿈

다가서는 미풍
구름 따라 흐르고
숲속의 은밀한 계곡
너와 나
공존하는 공간
외진 늪 밀실 삼아
서성이는 청정바람
바위틈에 앉으면
연한 줄기 앞
산통으로 튀는 물살
저마다 빛을 발하는
억겁의 사랑
부대끼며 몸살을 앓아도
숲은 나비처럼 깨어난다

자화상

너와 마주 서는 밤
여름비가 걸어오고 있었다
열다섯 소년의 몸부림은
허공의 길에서 빗금을 치고
어둠만을 삼키고 있었다
답 없는 갈망의 애절한 꿈은
빗속에 길을 내며 가고 있었다
숨어 있는 밀어 하나 가슴을 열고
쏟아내는 너만의 밤
인연의 끄나풀이 없었더라면
애증의 긴 그림자도 없었을 것을

가을 어느 날

풀벌레 소리 그리움 달고
굴뚝 연기 따라
하늘 높이 오르면

찰랑찰랑 가을빛 손 흔들어
소 울음소리 귀 익어가는 저녁
철컹철컹 기지개 켜는 가마솥

아궁이 속 붉은 노을이
막걸리 한잔 엄마 볼 같아

초저녁 잠자던 동생도 일어나
웅얼웅얼 엄마 품에 매달려
바짓자락 붙들어 젖 달라 밥 달라

인연

눈꽃처럼 포근한 사랑
때로는 아이처럼
철없는 얼굴
눈가에 어리는 미소가
호수에 떨어지는
별빛 같아서
그리운 것은 미련이었던가
기다림은 사랑이었던가
인연의 고리 하나
살포시 내걸고
그대 품에 안기어
따뜻한 체온 품을거나
동백 꽃잎처럼 타오른 가슴
잠든 당신을 노크하고 싶었던
긴 갈망의 날들이여

연리지

불나방처럼
뛰어든 사랑 하나
살갗을 달구는 몸부림에
밤이 비틀거린다
포개지는 입술
심장에 맞닿은 순간
파도 속 모래알같이
부서지는 암벽
꿈틀대는 아늑함
화촉에 맺힌 색 구슬이
밤새 흩어져 내려
흔들리는 동공에
채워진 듯 비워진 듯
피곤한 육신이
불빛을 타고
새벽을 끌어올리고 있다
하룻밤 그윽이 미치던 날
너와 나 사랑이 붙고 말았다

그녀가 가는 길

늦가을
어스름 그림자 밟고
벗은 산 너머
강 나룻배에 발을 걸쳤다
하얀 등불 따라
귀향을 위해 떠날 모양이다
소란스러운 세상의 미련 접어두고
조바심에 쓸어내린 기억들이
앙상한 맨발의 추억에 기대어
올라서면
늦은 밤 배의 닻이 올려지고 있다
심금을 울리는 목탁 소리 따라
숱한 흔적들은 사리되어 남겨지고
흔들리는 나뭇잎 사이로
한 자락 바람이 흘러간다

날개

차디찬 어둠을 깨고
반란은
봇물 되어 쏟아지나
슬픔도 잠시
어느 그 해처럼
세포막은 날개를 달아
불멸의 밤
가슴에 걸어둔 빗장을 열고 있었나

심연

잔설 속에 비치는
노란 복수초
알지 못한 나의 길섶에
연등으로 떠올랐네
깨알같이 쏟아지는 봄의 눈발
무심결에 떨구고 싶어던
눈물 한 방울

암연

푸른 바다도 잠든 밤
잊지 못할 아쉬움에
시간을 세워 보는 마음

바위 사이를 흐르는
계곡의 물소리 위로
튀어 오르던 물방울 소리

그림자 하나

조금은 슬픈
쓸쓸함이 느껴지는
너의 미소
다시 그리워할 수 있을까
지쳐버린 영혼
쉬어갈 곳 어디에
흘러가 버린 세월
젖은 풀포기에 주저앉아
갈구하지 않아도 내리는 겨울비
우산도 없이 내리는 눈물

해바라기

허기긴 배를 채우기 위해
막걸리 한 사발 들이켜던 사이
푸념이 안주가 되어
가난한 육신은 노을에 널어 말린 능청
늘어진 힘줄의 어깨너머
하루 해가 기울었다

자전거를 끄는 한쪽 손에 무언가
잔뜩 쥐고
어둠을 건너 올라오던 골목길
까맣게 그을린 얼굴에 붉은빛이 맴돌고
무거운 손은 오롯이 자식을 위해서였다
코 흘리던 자식들은 당연하다는 듯
까르르 웃음으로 화답하곤 하였다

당신을 향한 눈물샘은 마르지 않았는지
무엇을 얻고 잃었기에 청춘은 저 멀리 달아났을까
아버지는 나의 가슴에 영원히지지 않을
한 송이 해바라기로 서 있다

그 남자

기억 너머 어디쯤에
그녀가 서 있지 않을까

삐걱거리는 무릎 반나절
텃밭에 온기를 부어 놓고

조각 같은 여정
손아귀에 들려진 심장은

속절없는 마음에도
기다리는 여인이 있었다고

하늘 올려다보는 고개
사랑하는 당신 어디 있나요

안부인냥 바람 타고
사방으로 흩어지는 아쉬움

어찌할까요
동공에 그려지는 그대를

가슴앓이

골목 외등 빛으로
비추어지는 봄비
기다림을 씻어 내려
못다 부르고 만 나의 노래
너의 목소리도 모습도
비에 젖은 상처이지만
오늘 이 시간이 지나면
목마른 갈증은 해소되려는지
혹시나 행여나 하는 기다림
등 뒤에선 선홍빛 통증이 인다

눈물

잃어버린 것은 아닐까
이불속 세상에서
수만 번 너와 이별하고
야속함을 걸어두고
돌아서 왔다

나의 향기를 안고
너의 방으로 숨어들고픈 밤

마음의 문을 두들겨 온전한
너의 세상 앞에
갈망하였다
눈물처럼 젖고 싶은 날

젊은 날의 잔상

드넓은 초원아
뜨거운 햇살에 녹지 말고
세찬 비바람에 눕지 마라
밤이면
단상으로 오르는 구릿빛 흔적
들숨 날숨
기억 따라온 발자국이
젊은 날의 잔상으로 흘러

토닥이며 쓸어내린 가슴
저녁 빛
바들거리는 가로수에 기대어
어루만지는 그림자 하나
저울로 잴 수 없었던 심장의 무게
가로등 불빛 아래 묻어가던
방향 잃은 철부지 여인

내일은
어느 타인의 숭고한 계절에 숨고 싶다

하루

허허허 껄껄껄
배고픈 웃음보따리도 비어가고
질통의 한숨도 짤랑거린다
등에 모래가루가 흩어지는데도
아버지는 굽은 허리춤에
가냘픈 밧줄 하나 의지하고서
허공에서 흔들린다
땀으로 적신 아버지 온몸이
아침이슬처럼 빛나고
벗은 목장갑 눈물로 흥건하다
연장포대 둘러메고
여보게 대폿집이나 들려서
막걸리나 한잔하고 가세나
걸걸한 목소리 그 목소리
우리 아버지

홀로 도는 별

가로등 불빛 사이로
허공의 두 선 가르고
달려오는 빛 그림자
초점 잃은 눈망울
검은 비밀의 문 열어
주홍빛 붉은 가슴
바람맞고 서 있다
별똥별 떨어지는 달빛 아래

밤에 건너온 편지

너무 어려서 보낸
너의 생각에 잠 못 이뤘다
그 시절
일꾼들 돈을 들고 튄 사내 덕분에
집안 꼴이 말이 아니게 되었다
이쁘다고 돌봐주던 부잣집
양녀로 보내지게 되었지
혼자서 일꾼들 세거리도 바쁜 터라
잘 먹여 주겠지 잘 키워 주겠지
딸 없는 집안으로 널 보낸 것인데
정신을 차리고 생각해 보니
힘들어도 보내는 게 아니었는데
보내 놓고 얼마 지나지 않아
다시 찾아오려고 애원도 해보았건만
미움이었는지 두려움이었는지
너는 대뜸 나와
아줌마 제가 크면 알아서 찾아갈게요
다시는 찾아오지 마세요
쌩하니 돌아서는 뒷모습을 보고

홍두깨로 얻어맞는 것처럼
뒷걸음질 치는 내 마음도 힘들었단다
어찌 널 잊었을까

그 밤 언니로 착각하시며
글도 아닌 입으로 건너온 편지
한 생의 이별을 고하는 작별 일 줄이야
사랑했다고 한마디 말이라도 전할 것을

행복 만들기

잠시 쉬어 가는
모퉁이 찻집
찻잔에 어리는 얼굴
지리산의 운치는
절경이다
자연 속의 편안한 쉼
유리창에 새겨지는 이름
온기 담아 남은 행보에
꿈의 날개 달아 줄 테야

타인의 계절

목련꽃 하얗게 피워 웃는가
가눌 길 없는 혼을 흔들고
그림자를 끌어당겨
바람은 파고들어
새벽잠 속으로 찾아온 몸살
낮과 밤으로 그치지 않는 기침 소리
그대는 왜 자꾸 내게로 머무는가
굴러다니는 돌멩이
사계절 내내 심장을 두드린다
나는 왜 자꾸 그대에게 향하는가

멍울

그날
아침의 기억을 끄집어내어
실타래 같은 머릿속
긴 숨으로 정돈하며 나서는 길
다시 안아보고 싶은 영혼의 그림자
물들인 고운 볼
몸 부비며 흔들던 바람은
봄을 내려놓았다
긴 호흡에 속박하는 향기
흥건한 맘 매달은 아쉬움은
떨어지는 꽃잎과 자취는 감추어졌다
맑은 햇살 쏟아지는 길 따라
실낱같이 야위어 가던 뒷모습
삶의 눈물 가슴을 뚫고
흩어지는 꽃비 맞으며 저만큼 웃고
서 있다
한 조각 그리움으로 하늘 오르는 사연
아직도 가슴 속에 어머니가 사시는데
나더러 어쩌라고

향수

그곳에 가면
어릴 적 동무들
만날 수 있을까
기린봉에 올라서면
하하호호 떠들썩한
웃음소리 들을 수 있을까
중년의 나이들 딛고
동산에 올라서 보니
그 동무들 오간 데 없구나
시간이 멈춰진 듯
산마루는 변함이 없건만
세월은 많이도 변했구나
아직도 놓지 않은 기억
낙수정 어린 꼬마들
만나질 순 있으려나
아련히 들려오는 함성은
고개 너머
아득히 먼 곳에 서 있구나

봄은

이슬의 고요함이
장독 밑으로 스며
무엇을 감지하기에 열중하고 있나
혹독하게 시린 겨울
마른 가지에 매달려
긴 고뇌를 들이마셨는지
그때는 모르겠더라
산다는 일도
계절이 지나야
봄이 오는지 알 수 있었다
봄은 그러했다
어제는 숨차고
오늘은 죽을 만큼 벅차
눈처럼 사르르 녹는 날
지상으로 다른 삶이 와
기다리고 있었다
봄은 그러하였다

푸념의 강

어둠 속으로 흐르는 강물
밤의 침잠을 깨우는 스산한 바람 소리
손 내미는 이 하나 없는
가난한 시간 지나가고 있다
정신없는 흔들림으로
세파를 견뎌온 심신
겨울의 울음 우는 강물 속으로
그리움 적힌
편지 한 장 흘리고 싶었다

미처 토하지 못한 울음이
흐르다가 어디선가
가라앉았으면 싶었다

인향

바람도 내려앉은 밤
묶어 놓은 영혼 속의 고독이
둑에 홀로 앉았다
흔들리는 강물은
주름치마 길게 펼쳐 놓고
시린 가슴으로 흐른다

물결 이는 그리움
반짝이는 물빛 사이로
젖어 드는 그대 숨결

청춘은 간 곳이 없다
헤져가는 세월 앞
미로의 얼룩진 이름

달빛 어루만지는
강물은 말이 없고
밤이면

주마등처럼
스치는 여정으로
등에 깃드는 적막함

바람 따라오는
풀잎 하나들도 모여서
동트는 아침을 기다린다

4부

풀꽃 이야기

귀로

가슴에 감춰진 비밀이었을까
달빛에 물든 하얀 얼굴이
나침반 바늘에 걸려있다
전생에 엮어 있는 억겁에
걸린 이름이었을까
잃어버린 시절
밤새워 뒤척이다
작두날 위
한 줌의 어깨는 떨고만 있었다
인과의 무게는 늘어만 갔고
목매단 심장은 식지 않았다
채우지도 못할
억새 같은 어제들이
바람 앞에 흔들리고 있었다

꿈 하나

몽환의 숲속으로
부서진 몸을 세워
낯선 길을 나선다
짙게 베인 시름 걸어
겨울바람 등에 업고
조각난 가슴 꿰어 가는 길
펼쳐진 그늘
모퉁이에 내려선
청명한 저녁의 별빛
메마른 갈잎
이불 삼아
하룻밤을 멈추었다
그 무엇 채울까 기도하는 순간
하늘 가득
쏟아져 내리는 눈망울
몽상으로 채웠던 세상의 이야기에
귀를 달아 주었다

비밀의 정원

7월의 절정에
하얀 눈꽃 날리는 라임라이트
너와 내가 꿈꾸는
하나뿐인 사랑
백일간 피고 지는 꽃잎처럼
빨간 기다림
연못 속의 소금쟁이도
물 위의 춤을 추다
잎새 뒤에 숨겨온
짝을 찾아 나서는지
사랑의 숲은 누구에게나
비밀의 정원

여인

머리를 조아린 어둠이
무릎 앞에 매달리고 있다
소리 없는 속삭임
소복을 차려입은 여인이
두 손을 모으고 있다
무얼 감지하고 있는 것일까
끝없이 돌리는 염주 알에
새겨보는 비원으로
눈썹달로 뜬 하늘 속으로
홀로 떠나가는 영가
풍경소리
바람 끝에서 여인의 흰 옷소매를
날리고 있다

홀씨

불어오는 바람 웅성이다
살가운 언덕으로
떨어지는 고독한 밀어
수많은 인연의 고리
목마른 그리움 징표되어
땅에 묻히면

시간이 흘러 피어나는 하얀 날개
지나간 이야기로 피어난다
모두의 가슴에 남아 있는
홀씨 한 톨들

나들이

향긋한 꽃내음으로
유혹하는 홍조 입술
노란 치마 두르고
팔다리 흔드는 개나리가
산들바람에 하늘거린다
재잘재잘 새들의 노래
꽃잎처럼 피어나는
개울물이 건져 올린
웃음 방울들이
하나둘
세상의 길가 속으로

열꽃

간밤 혼자 맞선 설움
봄밤을
머리에 두르고
앓던 밤
전신에 피어나던
붉디붉은 꽃
꺽지 못한 아픔이
초살갖 위에
내용이 간명한
시를 쓰고 있었다

비창

애잔함이 휙 넘나들며
문살 구멍 난 창호지로
날카롭게 파고드는 얼굴
단련된 세상에서
숙성시켜버린 고독한 밤

얼굴

빈 들에 날리는 낙엽
홀로 보듬어 삭혀보는
아련한 모습
금방이라도
이름 부르며 들어설 것 같은

당신의 향기
오 나의 어머니

아카시아

푸른 하늘을 닮은 눈빛
이파리는 바람 한 점 데리고 나와
진한 향기 꽃내음으로
길 잃은 나비의 웃음 부르고 있다
건듯건듯 뛰어넘던 징검다리
역광에 반짝이며 흐르는 물 주름

하얀 잇속 내보이며
튀밥 송이 같은 웃음 한번 웃고 싶었다
나에게 내미는 너의 손에
지난날 추억의 편지 한 장 들려져 있다

그날 1

먼 길을 지나서 가고 있었다
빨간 고무대야를 머리에 이고
느린 발걸음으로 고개를 넘었다
입김이 하얗게 피어 올랐다
등에 업힌 포대기 밑자락으로
빠져나온 아이의 발이
바람 속으로 달랑거렸다
언덕 밑을 내려다보는 내가 있었다
빈 정지간 안이 적막해 보였다
재채기 곁으로 콧물이 튀었다
가슴에서 타닥타닥 불꽃이 피는 것
같았다
문고리가 소리를 내며 열리는 순간
꺄악, 누구야
이불 속으로 숨는 눈동자가
반달처럼 마주치고 있었다

빈산

공허 속 한숨을 삭히고
휑하니 스쳐 가는 바람
제 설움에 시들어
파편처럼 날려 보내던 낙엽
제 입장으로만
수군대는 소리 들 속에

맨주먹으로 남겨진
눈 속 깊은 남정네 같이

풀꽃 이야기

손 흔들면 날아올까
빙그르르 맴도는 하얀 날개

푸르름으로 높아가는 하늘
바람이 데려다 놓은
풀 내음 벌레 소리 들

온전히 자신만을 위해
아름답게 피워 내는
너의 미소

풀 섶에 숨겨둔 이야기는
허공으로 날아오르는 홀씨 되어
계절 저편의 여정을 따라 흘러만 간다

초대

꿈에 갇힌 조각들이
그대 옷자락에 머물러
외로움 고개 떨구면

초대된 갈망 하나
잠 못 이루는 밤에 찾아와
등불 아래 휘청이는 고통의 설움
한 계절 넉넉히도 갔건만

상심의 방랑자 되어
새벽빛 따라나서고 싶었던
텅 빈 가슴

그대와 나
운명으로 묶였더라면
좋았을지도 모를
그 인연의 끈 한 자락

너는 너에게

기억에서
달려드는 숨가쁜 그리움
너는
떨림조차 남지 않았구나
덜컹 맥박이 주저앉아
붉어지는 눈
침묵으로 앉아
피어오르는 열병
알몸으로 손 흔들며
떨어지는 별
바람이 흘리고 간 푸념한 자락

5부

너라서 아프다

내 안의 기도

미소 속에
가려진 눈물

커튼에 가려
말 못한 사연들

거침없는 세상은
말없이 흘러도

한결같은 마음
속없는 낯꽃

힘없는 세상
추구하는 갈망은

정신없는 생활
한숨으로 몰아쳐도

사연 닮은 콧노래
바람을 타고 가네

바람의 언덕

모래 위
그림을 그려야 할까요

지평선 너머로
수를 놓아야 할까요

그냥
그림자로만 남아야 할까요
구름에 가려
아무것도 보이질 않아요

산도 들도 바다도
떠도는 바람처럼
세월에 묻어 둘까요

내리는 비에
나도 따라 울고
임도 따라 우는데
찢어진 상처
바닷물에 씻겨 내려가길

어제의 기억이
우리를 끌어 내리지 않기를

모래 위
그림을 그려야 할까요

그리움을 만날 때

외쳐보고 울어봐도
가슴에 피는 꽃
어디에도 마음 둘 곳 없어
낯선 배회의 길
정처 없이 걷다 보니
어여쁜 들꽃의 향기
외로운 가슴 밀어내
낙서로 채워지는 공허함
보고픔에 매달린 시간도
바람이 지나간 자리였음을

풍경

이슬방울은 떨어지는데
산천은 저마다 자랑하듯
형형색색 때깔 옷을 입고
제보란 듯 뽐을 내고 있다

홀로 걸어 온 인생
아련한 추억과 함께
비추어지는 청춘의 시간
고운 단풍 틈에 내가 있다

나도 저런 때가 있었지
언제 이렇게 늙었나
살아온 여정을 푸는지
강물은 고요하기만 하고

여느 때처럼
잠시 쉬어가는 길목
동공에 갇힌 풍경에 취해 마른 목 축인다

새장 속에서

어디든 향하고픈 마음
누구도 방해하지 않은 곳
안녕을 빌어야 할지
가슴 깊이 박힌 못하나
빼내지 못하는 내가
누굴 위해 웃고
그 무엇 향해 날아야 할까

독백

어느덧 중년의 나이
콧대 세우고 미소 짓던 시절
돌아갈 수 있다면

기다림의 변화 속에
멈춰 버린 시간
옛 시절만이 그립구나

해 맑은 모습으로
거대한 성을 쌓던 어제
가녀린 소녀의 모습

혼자만의 울타리로
가두어 온 시절 앞
숨어 울고 있는 현실이
왜 이리 두려운 걸까

그대

바람이 스치는 향
달빛 아래
새색시 시집온 양
하얀 볼 붉그레
피어오른 봉우리
그려지는 살굿빛 초원
은빛 구슬 맴도는
초록 풀잎도 좋아라

연못 위 수양버들
곡선을 타고 춤을 추네

별을 헤아리는 밤

너와 보던 노을
자몽같이 바알간 볼
꿈을 부르던 주문
너는 무슨 꽃이야
마음에 무지개가 내리고 있어
마지막 벚꽃이 흩날리던
봄 같은 풍경
너를 마주 보던 밤
따뜻한 입담의 속삭임
기억 저편 찾아드는 그리움
너는 무슨 꽃이야
아이 이름 부르 듯
나를 부르는 너의 목소리

연모의 꿈

어둠을 뚫고
빛처럼 다가와
애틋하게 바라보던 눈길
마음은 줄을 놓았지

무모한 사랑
간절함에 눈이 멀고
엇갈린 시작은
욕망의 덫을 놓아

잔혹한 밤
파란 자국 가슴에 박혀
아린 상처 보듬고
발길 돌리는 인연의 끈

추념

고요한 밤하늘
풍경소리도 잠들어
영롱한 달빛 향해
걸어보는 한 줄 시
가슴이 시려오는지
감정선은 내 안에서
기억의 재를 넘어
굴러다니는 굴렁쇠
행복한 시절 언제였나
아픔만 맴맴 도는 게
부정할 수 없는 세월에
텅 빈 가슴으로 흐르는 눈물

너라서 아프다
-달에게-

대화 상자를 열어
달빛 난간에 셋방 하나 들었다

비라도 내렸으면 좋으련만
얄팍한 두께에 아픔만 짙어져

가슴을 외면하는
주인 잃은 삶의 그림자
읊어보는 달빛
영롱한 별빛도 동무되어 말이 없다

밤길 헤맨 고양이 홀연히 다가와
뒤얽힌 하루 사연 들려주고
심장을 향한 날 선 칼끝 아래처럼
손때 묻은 확독의 고인물도 처연하다

지나가는 겨울이 떼를 써
몸살을 부르고 있다
휑하니 바람이 스치는 이 밤

고운 너를 베개 삼아

옛이야기 가득 싣고
서리 앉은 터에
내일의 충만한 빛
향기 품으려 너에게 달려가는 맘

너라서 아프고
너라서 그리워
밤새도록 달이 떠 있다

무상

풍경 소리에
근심 걱정 묻히고
은은한 목탁 소리
스님의 독경
비워지지 않는
칼바람 맞은
어리석은 독배

회상

주옥 같은 꿈
추억 속 책장 넘기듯
한여름 아지랑이 피어나
갈증 난 몸부림에
똬리를 움켜잡고

상념의 조각들이
춤추는 나뭇가지 사이로
몸을 던져

설익은 한 편의 시처럼
바람맞은 약속들은
냇물에 쓸려 사라져 가고

너의 시를 창에 켜두고

지은이 | 김지연
발행인 | 노우혁
펴낸곳 | 앤바이올렛
펴낸이 | 정현덕
홍보팀 | 김지연

초판 인쇄 | 2025년 4월 18일
초판 발행 | 2025년 4월 25일
등 록 | 2021년 9월 29일, 제 2021-30호
주 소 | 02046 서울특별시 중랑구 동일로144가길 25-18(중화동)
전 화 | (편집) 02-491-9596
e-mail | powerbrush88@naver.com
ISBN 979-11-992401-1-7
ⓒ 2025, 김지연

* 책값은 뒤표지에 있습니다.
* 잘못 만들어진 책은 구입하신 서점에서 교환해 드립니다.